같이 놀자
いっしょにあそぼう 잇쇼니아소보

다 잘될 거야
きっとうまくいくよ 킷토우마쿠이쿠요

글 **송하영**

1년만 있다 돌아가야지 하고 왔다가 어느새 18년째 일본에 살고 있어요. 그사이 태어난 아이들이 초등학교에 들어가서 적응하고 다니는 모습을 보며 글을 쓰게 되었어요. 일본에서의 평범한 일상의 모습들이 다른 곳에 사는 아이들에게 재미있게 전해졌으면 좋겠어요.

그림(스케치) **권현주**

어릴 때부터 그리고 만드는 것을 좋아했는데 25년 지기 친구가 글을 쓴 책의 스케치를 그리게 되어서 기뻐요. 재미있는 이야기를 바탕으로 일본의 실제 모습을 잘 표현하려고 노력했어요.

그림(채색) **한은자**

스무 살 때 한국을 떠나 중국의 대학교에서 고고학을 전공하고, 이집트 홍해에서 오랫동안 스쿠버 다이빙 강사로 지냈어요. 결혼 후 쌍둥이 아이들을 낳고 스페인에 정착해서 살고 있습니다. 쌍둥이 아이들과 함께 지구별 친구들 시리즈 2탄 《나는 스페인에 살아요》의 글을 쓰고 그림을 그렸어요.

나는 일본에 살아요

ⓒ 송하영, 권현주, 한은자, 2024

초판 1쇄 인쇄 2024년 3월 20일
초판 1쇄 발행 2024년 3월 30일
글 송하영 **그림** 권현주, 한은자 **디자인** 빅웨이브 **마케팅** 이운섭
펴낸이 권영선 **펴낸곳** 내일도맑음 **출판등록** 2020년 9월 17일 제2020-000104호
주소 서울시 성동구 왕십리로 31길 9-50 **전화** 070-8151-0402
팩스 02-6305-7115 **이메일** flywriter@naver.com
ISBN 979-11-93461-02-0(77810)

- 이 책은 저작권법에 따라 보호받는 저작물이므로 무단 전재와 무단 복제를 금합니다.
- 이 책 내용의 전부 또는 일부를 사용하시려면 반드시 저작권자와 출판사의 동의를 받아야 합니다.
- 값은 뒤표지에 있습니다. 잘못 만들어진 책은 구입처에서 교환해 드립니다.

나는 일본에 살아요

송하영 글 • 권현주, 한은자 그림

내일도맑음

안녕?
나는 일본의 도쿄에 살고 있는 류우야.
일본은 한국과 같이 아시아에 있는 나라야.
우리 엄마는 한국 사람인데
일본 사람인 아빠를 만나 결혼을 했어.
그 후 나와 내 동생 가람이가 태어났지.

태어난 건 한국이지만 일본에서 살고 있어.
나는 지금 초등학교 2학년이야.

내 동생 가람이는 올해 1학년이 되었어.

입학식 전에 가람이의 책가방을 사러 갔을 때였어.

엄마가 "란도셀은 무거우니까
가벼운 배낭을 사는 게 좋지 않을까?"라고 물으셨어.

내가 1학년 때도 엄마는 똑같은 질문을 하셨어.

친구들은 다 란도셀을 메는데
나 혼자만 배낭을 메기는 싫어서
나는 란도셀을 샀어.
그리고 가람이도 나처럼 란도셀을 골랐어.

란도셀은 네모난 상자 모양의 가방인데,
일본의 초등학생들은 대부분 란도셀을 메고 다녀.
란도셀에 매일 필요한 물건을 넣어 갖고 다니지.

엄마는 이러다 키가 안 클 것 같다면서
매일 가람이의 가방을 학교 앞까지 들어 주셨어.
며칠 후 가람이가 창피했는지 다른 친구들처럼
혼자 가겠다고 큰소리를 쳤어.
그러자 엄마는 자꾸 고집 피우면
교실 책상 위에다 란도셀을 올려놓고 갈 거라고
단호하게 말씀하셨어.
그건 더 싫었던 가람이는
한동안 학교 앞까지 엄마랑 같이 갔어.

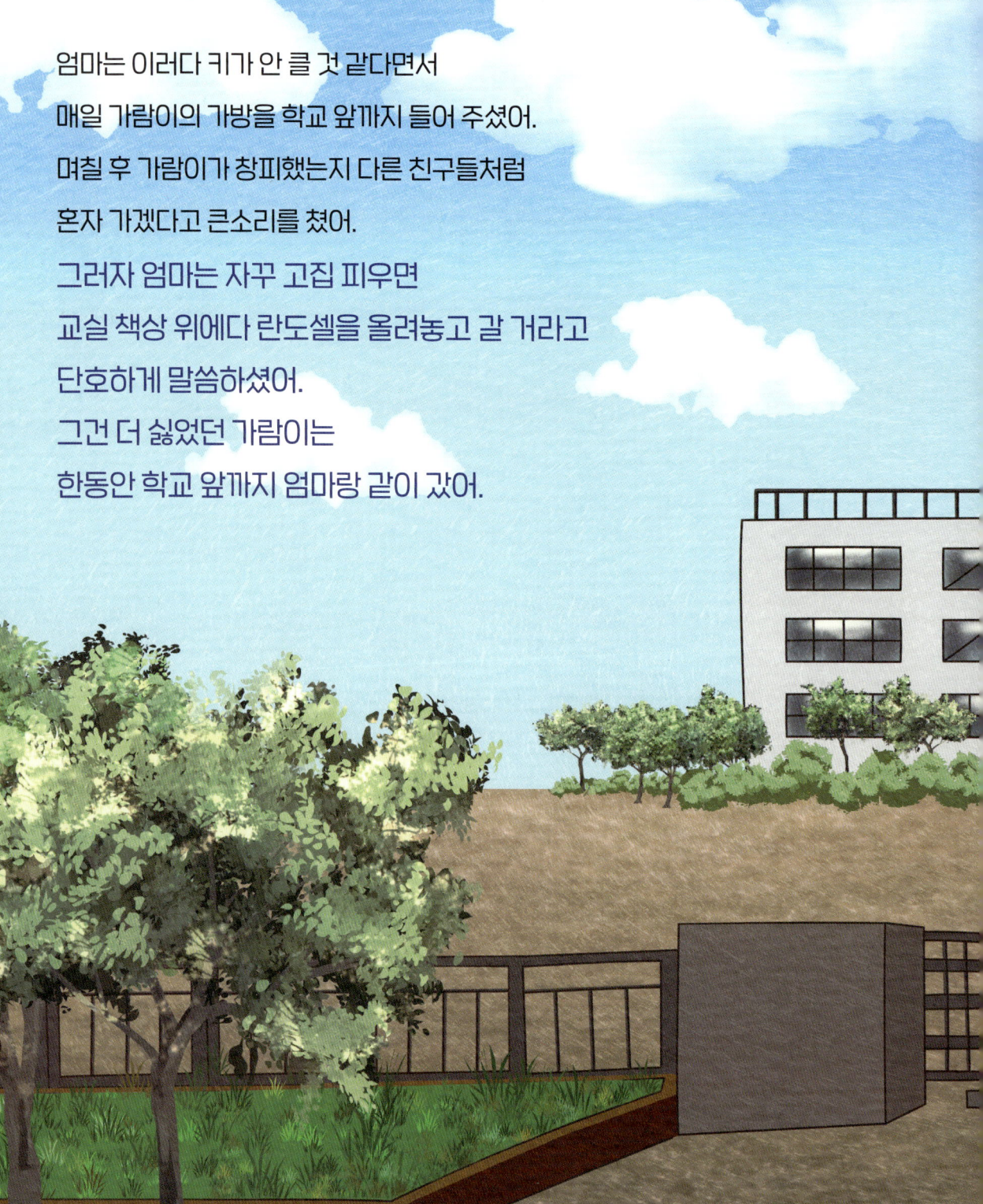

나는 이제 숙제 없는 교과서, 공책 같은 건
학교에 놓고 다녀서 예전보다 란도셀이 훨씬 가벼워졌어.
그래서 엄마가 들어 준다고 하지 않아서
얼마나 다행인지 몰라.

어제는 공개 수업을 해서 부모님이 모두 학교에 오셨어.

그런데 집에 돌아온 후 엄마가

칠판 옆에 있던 작고 네모난 기계가 무엇인지 물으셨어.

'칠판지우개 클리너'가 엄마 눈에는 신기해 보였나 봐.
칠판지우개 클리너 위에 칠판지우개를 올려놓고
위아래로 문지르면 하얀 분필 가루가 다 없어지거든.

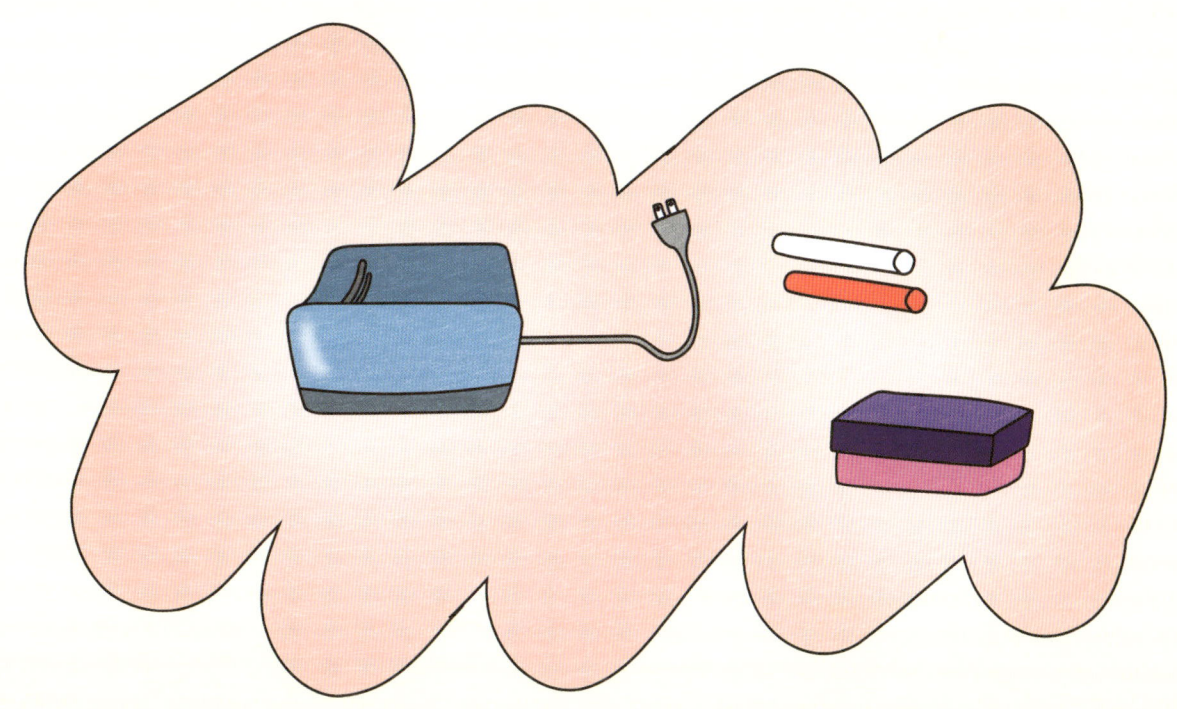

엄마가 어렸을 때는
그냥 창 밖 벽에 칠판지우개를 팡팡 쳤다며
칠판지우개 클리너를 신기해하셨어.

칠판지우개 클리너는
아빠가 초등학교에 다닐 때도 있었대.
그 말을 들은 엄마는
그렇게 오래전부터 사용하던 것을
지금까지도 사용하는 것이 신기하다며 또 한 번 놀라셨어.

오늘은 학교에서 지진 대피 훈련을 했어.
나는 평소 의자 뒤에 걸어 두었던
방재 모자를 꺼내 쓰고
책상 밑에 10분 정도 웅크리고 앉아 있었어.

나는 아직 큰 지진을 경험해 보지는 않았지만
뉴스에서 몇 번 본 적이 있어서 진지하게 훈련에 임했어.
일본은 지진이나 태풍 같은 자연재해가 많은 편이야.
그래서 한 달에 두 번씩
학교에서 지진 대피 훈련과 화재 대피 훈련을 해.

화재 대피 훈련을 할 때에는 방재 모자를 쓰고서
젖은 수건으로 입을 가리고 몸을 낮춘 다음
줄을 서서 운동장으로 대피하는 연습을 해.
또 만약 재난 상황이 일어날 경우 혼자 하교를 하면 위험하대.
그래서 일 년에 두 번은 부모님이
반드시 하교 시간에 데리러 와야 해.
이날은 부모님이 선생님에게
우리 이름이 적힌 카드를 전달해야 하교를 할 수 있어.

방과 후에는 자전거를 타고
놀이터에 가다가 우연히 담임 선생님을 만났어.
그런데 나는 아직 자전거 면허가 없으니까
보호자 없이 혼자 자전거를 타고 다니면 안 된다고 하셨어.
하는 수 없이 나는 자전거를 집에 갖다 놓고
걸어서 놀이터에 갔어.

놀이터에서 만난 친구 형이
자전거 면허에 대해 자세히 알려줬어.
3학년이 되면 경찰 아저씨가 학교로 와서
몇 가지 테스트를 하고
그것을 통과하면 자전거 면허를 준대.
그 면허가 있으면 혼자 자전거를 타고 다녀도 된다고 해.
나도 빨리 3학년이 돼서 자전거 면허를 따고 싶어.
아, 아직 1년이나 남았네.

나는 곤충이랑 동물을 아주 좋아해!
그래서 반 친구들은 나를 '곤충 박사'라고 불러.

예전에 친구랑 놀이터 풀숲에서
조그마한 개구리를 잡아 학교에 가져간 적이 있어.
다행히 선생님도, 친구들도 모두 좋아했어.
선생님은 개구리 먹이로
날지 못하는 파리도 사 주셨어.
나는 반 친구들과 같이 개구리를 키우다가
겨울 방학 전에 학교 풀밭에 풀어 주었어.

우리 가족은 가끔 자전거를 타고
집 근처 개울에 가서 가재를 잡아.

오징어채를 실로 묶어서 개울에 담그면
가재가 그걸 물어.
얼마나 꽉 무는지 그대로 위로 올리면 가재를 잡을 수가 있어.
그렇게 계속 잡다 보면 금세 양동이 한가득 가재가 잡혀.

나는 잡은 가재를 집에서 키우고 싶은데 엄마가 안 된대.
전에 키워 봤는데 방 안 가득 퍼지는 지독한 냄새와
탁해지는 물 때문에 온 집 안이 엉망이 된 적이 있거든.
엄마, 아빠는 반려동물을 키우는 걸 반대하기 때문에
나중에 크면 가람이랑 둘이 살면서
가재, 강아지, 고양이, 도롱뇽을 키우기로 약속했어.

얼마 전에는 신칸센을 타고
유후인에 있는 온천으로 가족 여행을 다녀왔어.
신칸센은 엄청 빠른 고속 철도라서
멀리 갈 때 타면 오래 안 걸려서 좋아.

역에서는 가지각색의 도시락을 팔았어.
우리는 각자 마음에 드는 도시락을 골라
신칸센을 타고 가면서 먹었어.
나랑 가람이는 신칸센 모양의 도시락,
엄마는 여러 가지 반찬이 조금씩 들어 있는 도시락,
아빠는 고기가 듬뿍 올라간 도시락이었어.
맛도 있고 도시락 모양도 예뻐서
여행 가는 길이 더 들떴어.

나는 원래 수영복을 입고
다 같이 신나게 놀 수 있는 온천을 좋아하는데,
이번에는 남탕과 여탕이 따로 있는 일반적인 온천이었어.
그래도 큰 욕탕, 작은 욕탕도 있고
노천탕도 있어서 재미있었어.
온천물이 너무 뜨거워서
이 탕, 저 탕 계속 돌아다니다가
내가 제일 좋아하는 차가운 욕탕에서 몸을 식혔어.

온천에서 나와 식당에 가니까
맛있는 음식이 잔뜩 차려져 있었어.
내가 좋아하는 피자랑 치킨, 고기도 있어서
얼마나 많이 먹었는지 몰라.
엄마, 아빠를 따라 초밥도 한입 먹어 봤는데,
나는 차갑고 물컹한 초밥이
왜 맛있는지 아직 잘 모르겠어.

아침 식사로는 생선구이와 김, 된장국, 낫토가 나왔어.
나는 낫토를 아주 좋아해.
끈적끈적한 낫토는 콩으로 만든 영양식이야.
간장 소스를 낫토에 넣고 마구 비벼
밥 위에 얹어 먹으니 너무 맛있어서
두 그릇이나 먹었어.
낫토에 김 가루와 멸치 볶음을 넣어서 먹어도
정말 맛있어!

조금 있으면 여름 방학이야.
여름 방학이 다가오면 학교에서 수영 수업을 시작해.
방학 전에는 일주일에 한 번,
방학 때는 열 번 정도 수영을 하러 학교에 가.
공부는 안 하고 수영만 하고 오기 때문에
방학이라도 학교에 가는 게 즐거워.

모두 빨간색 수영 모자에 파란색 수영복을 입고,
수영 테스트를 한 다음 등급을 나누어서 수업을 해.
제일 잘하면 1급, 제일 못하면 12급인데
처음에는 다 12급에서 시작해.
그리고 테스트를 통과하면 11급, 10급으로 급수가 올라가.

나는 이제 발차기가 돼서 9급인데,
얼른 자유형 25미터를 성공해서
6급으로 올라가고 싶어.

여름 방학 동안에는
이 동네, 저 동네에서 크고 작은 축제가 열려.
그중 넓은 공터 가운데에 큰 무대를 설치하고
사람들이 모여서 춤을 추고 노래를 부르는
'봉오도리'라는 축제를 제일 많이 볼 수 있어.

축제가 시작되면 맛있는 음식을 먹고,
재미있는 놀이를 할 수 있는 상점들이 곳곳에 생겨.
거기서 나랑 가람이는 솜사탕이랑 야키소바를 꼭 사 먹어.
그런 다음 사격이나 금붕어 뜨기 게임을 시작하지.
금붕어 뜨기를 잘하려면
뜰채의 가운데가 아닌 가장자리로 건져 올려야 해.
뜰채가 종이로 되어 있어서 물에 젖으면 찢어지니까
최대한 빨리 올리는 게 중요해.
그러면 많이 잡을 수 있어.

이번 여름 방학에 수영 수업이 끝나면
한국에 있는 외갓집에 가기로 했어!
나랑 가람이는 한국에 가는 게 너무 좋아.
한국에 가면 공부도 안 해도 되고,
매일 키즈 카페에 가서 방방이 뛰고, 실내 동물원도 가고,
놀이공원도 가고, 맛있는 짜장면이랑 탕수육도 실컷 먹거든!

엄마한테 이야기했더니 모르는 소리 하지 말래.
한국에서 학교에 다니면 숙제도 많고
학원도 많이 다니게 될 거라고…….
그래서 나는 방학 때만 한국에 가고 싶어졌어.

지난번에 한국에 갔을 때 놀이터에서 어떤 친구가 나보고
"너, 몇 살이야?"라고 물었어.
내가 일곱 살이라고 했더니
"난 아홉 살이니까 내가 형이다. 형이라 불러."라고 했어.
이름이 '형'인가 했는데 한국에서는 나이가 많으면
형, 누나라고 부른다고 엄마가 알려주셨어.

일본에서 친구들은 나를 '류우 쿤'이라고 불러.
여자아이는 '짱', 남자아이는 '쿤'을 이름에 붙여 말하거든.
얼마 전에 공원에서 우연히 중학생이랑
같이 논 적이 있는데 이름을 알려줘서 "타케노코 쿤!"이라고 불렀어.

**일본에서는 학년이 높아도 이름을 부르기 때문에
'형, 누나'라는 단어가 너무 어색했어.**

형?
이름이 형이야?

나는 학원이 너무 싫어.
학교 숙제도 하기 싫은데 학원에 다니면
숙제가 더 늘어난다고 해서 학원이 싫어졌어.
**결국 다른 학원은 안 가는 대신
가라테만 다니기로 했어.**

엄마가 자기 몸 하나는 지킬 줄 알아야 한다고
가라테와 복싱 중 하나를 선택하라고 했는데,
복싱은 맞으면 아플 것 같아서 가라테를 골랐어.

그런데 가라테도 너무너무 힘든 거 있지.
준비 운동 30분만으로도 다리가 후들후들 떨리는데
그 뒤로 발차기, 막기, 주먹치기 연습을 하고
또 단체 대련을 해.
대련을 할 때에는 머리, 얼굴, 급소만 빼고
차고 치고 막고 하는데
맞으면 얼마나 아픈지 가끔 눈물이 핑 돌 때도 있어.

나는 싸움이 정말 싫어.
왜 싸우는지 모르겠어.
나는 차라리 나중에 학교 육상부에 들어가서
달리기를 잘하고 싶어.
그래서 싸울 일이 있으면 잽싸게 도망갈 거야!

우리는 봄, 여름, 가을, 겨울 다
반팔, 반바지로 된 체육복을 입고 체육 수업을 해.
봄, 여름, 가을은 괜찮은데
추운 겨울이 되면 덜덜덜 떨면서 체육을 해.
왜 겨울에도 반팔, 반바지를 입어야 하는지 잘 모르지만
면역력을 높이기 위해서라고 들은 것 같아.

다행히 상의는 긴소매를 입어도 돼.
바지는 꼭 반바지여야 하지만.
운동장에서 축구를 할 때 다리가 얼마나 추운데…….
바지도 긴바지였으면 좋겠어.

나는 요즘 레고가 정말 재미있어.
가람이랑 나는 매일같이 레고로 집을 만들며 놀아.
나는 나중에 크면 집 짓는 사람이 되고 싶어.

일본은 지진이 많다고 했잖아.
그래서 지진이 나도 무너지지 않게 내진 설계를 한대.
**나는 어떤 자연재해에도 흔들림 없는
아주 튼튼한 집을 지을 거야.**
언젠가 다른 나라에 사는 친구들이
내가 만든 집에 놀러 오면 정말 좋을 것 같아.

나는 매일 재미있게 지내고 있는데,
다른 나라에 사는 친구들은 어떻게 지낼까?
나처럼 곤충이랑 동물을 좋아하고,
지진 대피 훈련을 자주 하고,
가끔 온천 여행도 갈까?

언젠가 너희들의 이야기도 들려줘.
그럼 모두 안녕!

일본

일본은 아시아 대륙에 있는 나라야!
수도는 '도쿄'이고,
언어는 일본어를 사용해.
인구는 약 1억 2,263만 1,400명이고,
면적은 3,779만 7,400헥타르야.
국기는 이렇게 생겼어!

도쿄타워

프랑스의 에펠탑을 참고해서 만든
오래된 도쿄의 랜드 마크!
250미터 높이의 전망대에 오르면
도쿄 시내를 한눈에 볼 수 있어!
지금은 2012년에 만들어진
624미터 높이의 '스카이트리'가
도쿄의 새로운 랜드 마크로 떠오르고 있어.

신칸센

세계 최초의 고속 철도!
일본의 대도시와 지방을
빠른 시간 안에 오갈 수 있어.
일본의 마스코트로
오랫동안 사랑받고 있지!

후지산

해발 3,776미터로
일본에서 가장 높은 산!
정상 부근은 1년 내내
거의 눈이 쌓여 있고,
계속해서 화산 활동을 하고 있는
활화산이야.
유네스코 세계 유산으로도 등재되었어!

디즈니랜드

디즈니의 다양한 놀이기구를 타고,
멋진 퍼레이드를 볼 수 있는 디즈니 테마파크!
디즈니랜드 옆에는 전 세계의 디즈니 테마파크 중
유일하게 바다를 소재로 만든 '디즈니씨'도 있어!

 **너의 이야기도 들려줄래?**

- **너는 어떤 곳에 사니?**

- **학교에서는 어떤 일이 있었니?**

- **요즘 어떤 재미있는 일이 있었니?**

- **가족들과는 어떤 곳으로 여행을 다녀왔니?**

- **너는 무엇을 가장 좋아하니?**

좋은 친구 いいともだち 이이토모다치

신난다 たのしい 타노시이

재미있다 おもしろい 오모시로이